Teresa von Avila

»Ich bin die Schwierigkeit in Person.«

Teresa von Avila

»Ich bin die Schwierigkeit in Person.«

Der Mensch hinter der Mystikerin

Hg. von Wolfgang Bader

VERLAG NEUE STADT
MÜNCHEN · ZÜRICH · WIEN

Klimaneutral gedruckt. Weil jeder Beitrag zählt.

MIX
Papier
FSC FSC® C083411

CPi klimaneutral
Mehr Bäume.Weniger CO_2

2021, 2. Auflage der Neuausgabe

Coverabbildung: Heinz Liesenfeld
Gestaltung und Satz: Neue-Stadt-Grafik
Druck: CPI – Clausen & Bosse, Leck
ISBN 978-3-7346-1174-2

www.neuestadt.com

Zu diesem Buch

„Sie war eine große, eine einmalige und doch so menschliche und anziehende Persönlichkeit.“ Das sagte Papst Paul VI. über Teresa von Avila, als er sie am 27. September 1970 zur Kirchenlehrerin ernannte. Teresa war die erste Frau, die diesen Titel erhielt.

Über Teresa wurde schon viel Bedeutendes geschrieben. Und was sie selbst geschrieben hat, ist bis heute bedeutsam. Für alle, die sich mit Spiritualität und Mystik befassen.

In diesem Büchlein geht es um den Menschen hinter der Mystikerin. Um diese „so menschliche und faszinierende Persönlichkeit“. Um die Frau, die kein Blatt vor den Mund nahm und mutig über sich, ihre Talente und Grenzen, über ihre Hoffnungen und Enttäuschungen sprechen konnte.

Ausgewählte Zitate wurden in drei Kapitel gefasst. Erstens: ein Einblick in ihre Kindheit und ihre Lebensentscheidung. Zweitens: zwei Beispiele für ihre vielen Freundschaften. Und drittens: ein kleines ABC ihres Denkens und Urteilens. Richtschnur bei der Auswahl der Texte war die persönliche Note, die Originalität der Formulierung, oft auch die humorvolle oder selbstironische Pointe, hinter der sich ein sehr kluger und klarer Kopf verbirgt. Dieses kleine Buch über die große Teresa möchte einladen zum Schmunzeln und Nachdenken.

Wolfgang Bader

Der Titel des Büchleins „Ich bin die Schwierigkeit in Person" ist einem Brief vom September 1568 entnommen, den Teresa an Francisco de Salcedo schrieb. Dieser war mit einer Verwandten von Teresa verheiratet. Nach dem Tod seiner Frau wurde er Priester (1569) und wirkte als Kaplan und Beichtvater im ersten von Teresa gegründeten Kloster San José in Avila. In dem Brief schreibt diese über Johannes vom Kreuz, der sich zu diesem Zeitpunkt auf das Leben eines Unbeschuhten Karmeliten vorbereitete: „Auch wenn er klein an Gestalt ist, so meine ich doch, dass er in den Augen Gottes groß ist. Bei unseren Geschäften hier haben wir nie eine Unvollkommenheit an ihm bemerkt, obwohl es dafür mehrere Anlässe gegeben hätte. Auch ich selbst war ein solcher Anlass; denn ich bin die Schwierigkeit in Person und habe mich manchmal über ihn aufgeregt."

Inhalt

Quellenhinweis

Zur Vertiefung verweisen wir auf die vollständige Neuübertragung des Gesamtwerks der Schriften von Teresa von Avila durch Ulrich Dobhan OCD und Elisabeth Peeters OCD im Verlag Herder, Freiburg i. Br.:

Das Buch meines Lebens, ^{5}2009 (*Vida*).
Weg der Vollkommenheit, ^{3}2007 (*Camino, Über das Vaterunser*).
Gedanken zum Hohenlied, Gedichte und kleinere Schriften, 2004 (*Relaciones, Konstitutionen, Exclamaciones*).
Wohnungen der Inneren Burg, ^{2}2007 (*Innere Burg*).
Das Buch der Gründungen, 2007 (*Fundaciones*).

Briefe I (1546 – 1576): Schicken Sie mir doch ein paar Täubchen, 2010.
Briefe II (1576 – 1579): Noch nie habe ich Euch so geliebt wie jetzt, 2011.
Briefe III (1579 – 1582) in Vorbereitung.

Den Zitaten in diesem Bändchen liegen unterschiedliche Übersetzungen zugrunde, die sprachlich frei bearbeitet wurden.

I

Aus Teresas Lebensgeschichte

Kindheit

„Am Mittwoch, dem 28. März 1515, so gegen fünf Uhr früh, wurde meine Tochter Teresa geboren.“ *So schrieb der Vater Alonso Sánchez de Cepeda in sein Buch, in dem er die Geburten seiner Kinder festhielt.*

Teresas jüdischer Großvater, ein wohlhabender Tuchhändler, war Christ geworden. Ihre Eltern gehörten dem niederen Adel an. „Über meine Eltern kann ich mich nicht beklagen, sie waren sehr gut zu mir und immer um mich besorgt“ (Vida 1,8). „Mein Vater war ein sehr korrekter, wahrheitsliebender Mann, mit einer großen, einfühlsamen Liebe zu den Armen und Kranken.“ „Meine Mutter *[Beatriz Dávila de Ahumada]* war intelligent, sanft, sehr schön und zugleich bescheiden“ (Vida 1,1f). „Obwohl meine Mutter mir ein Vorbild war, habe ich von ihren guten Seiten fast gar nichts übernommen“ (Vida 2,1).

„Wir waren drei Schwestern und neun Brüder. Außer mir waren alle so tugendhaft wie die Eltern, doch ich war Vaters Liebling. Es bedrückt mich, wenn ich daran denke, wie wenig ich die guten Anlagen entfaltet habe, die Gott mir gegeben hat." „Er hat mir schon in meiner Kindheit den Weg der Wahrheit tief eingeprägt" (Vida 1,3f).

„Die Wahrheit meiner Kindheit" (Vida 3,5) *bestand in der Erkenntnis: Gott allein bleibt, alles andere ist vergänglich. Diese „Wahrheit" leitete Teresa bis zu ihrem Lebensende. Nach ihrem Tod fand man in ihrem Gebetbuch einen Zettel, auf dem die Worte standen (wahrscheinlich von Johannes vom Kreuz):* „Sólo Dios basta". *Bekannt wurden sie in der Übersetzung „Gott allein genügt". Doch sie bedeuten:* „Allein Gott genügt", *nur er kann die Sehnsucht des Menschen ganz erfüllen.*

Teresa und ihr Bruder Rodrigo hatten Geschichten von Heiligen gelesen. Um es ihnen gleichzutun, wollten auch sie Märtyrer werden. Als das nicht ging, bauten sie Zellen für Einsiedler: „Wir legten im Garten kleine Steine aufeinander, die aber bald wieder einstürzten." *Dann baute Teresa* „mit anderen Mädchen Klöster, wie wenn wir Schwestern wären. Ich glaube, dass ich das damals auch werden wollte. Doch es gab auch anderes, was ich noch lieber wollte" (Vida 1,5f).

Der Tod der 33-jährigen Mutter (um 1528) bedeutete einen tiefen Einschnitt im Leben Teresas. „Ich erinnere mich, dass ich etwa 14 Jahre alt war, als meine Mutter starb. Als mir bewusst wurde, was ich an ihr verloren hatte, ging ich in meiner Trauer zu einem Marienbild und bat unter vielen Tränen die Muttergottes, sie möge von nun an meine Mutter sein. Das tat ich in kindlicher Einfalt, aber ich glaube, es hat mir geholfen“ (Vida 1,7).

„Dann kam ich in das Alter, in dem ich begriff, welche natürlichen Reize mir Gott gegeben hatte. (Man sagte, es seien nicht wenige gewesen)“ (Vida 1,8). „Ich begann aufwendige Kleider zu tragen und legte großen Wert auf mein Aussehen. Um aufzufallen, verwendete ich viel Sorgfalt auf die Pflege meiner Hände und Haare, auf Parfums und andere Nichtigkeiten. Ich war sehr eitel und putzte mich heraus“ (Vida 2,2). „Da Gott mir das Talent gegeben hatte, auf meine Mitmenschen sympathisch zu wirken, war ich sehr beliebt“ (Vida 2,8).

Die Entscheidung fürs Kloster

Mit 16 Jahren „steckte man mich in ein Kloster *[in der Heimatstadt Avila]*, wo Mädchen wie ich erzogen wurden" (Vida 2,6). *In dem Internat der Augustinerinnen* „fühlte ich mich viel zufriedener als zu Hause bei meinem Vater. Ich freute mich, hier so gute Schwestern zu erleben, und langsam kam das Gute meiner Kindheit wieder zum Vorschein" (Vida 2,8).

Besonders mit einer Schwester „unterhielt ich mich gerne. Sie sprach so gut von Gott! Und so verschwand nach und nach die riesengroße Abneigung, die ich gegen das Klosterleben hatte … Ich war eineinhalb Jahre in diesem Kloster und bat Gott darum, er möge mir zeigen, in welcher Weise ich ihm dienen könnte. Ich wünschte mir zwar, dass es nicht das Kloster sei, aber ich fürchtete mich auch vor dem Heiraten" (Vida 3,1f). *Eine andere Alternative gab es in der damaligen Gesellschaft nicht.*

„Als meine Zeit in diesem Kloster zu Ende ging, hatte ich mich mit dem Gedanken an ein Klosterleben schon etwas angefreundet. Aber nicht in diesem Haus, weil mir die Lebensform der Schwestern allzu übertrieben vorkam. Außerdem hatte ich in einem anderen Kloster eine gute Freundin *[Juana Juárez]*. Wenn ich schon Schwester werden sollte, dann nur dort, wo sie war. Solche Gedanken kamen und gingen, ohne dass ich mich entscheiden konnte" (Vida 3,2).

„In dieser Zeit wurde ich so schwer krank, dass ich nach Hause zu meinem Vater zurückkehren musste." *Nach ihrer Gesundung erholte sich Teresa noch einige Zeit bei Verwandten.* „Mir wurde immer klarer, dass der Eintritt ins Kloster für mich wohl die beste und sicherste Lebensform ist. So traf ich die Entscheidung, mich nach und nach zum Eintritt zu zwingen ... Drei Monate kämpfte ich mit mir. Schließlich hat mehr eine knechtische Furcht als die Liebe den Ausschlag gegeben. Ich tat mir selbst Zwang an, ich sagte mir: Die Härte und die Qualen eines Klosterlebens können nicht größer sein als die des Fegefeuers. Wenn ich einmal sterbe, so wünschte ich mir, werde ich direkt in den Himmel kommen" (Vida 3,3–6).

„Meine Entscheidung war gefallen und dennoch schwankte ich hin und her, mal so, mal so. Schließlich überredete ich einen meiner Brüder, mich in das Kloster zu begleiten, in dem meine Freundin *[Juana Juárez]* war. Allerdings war ich nun so weit, dass ich auch in ein anderes Kloster gegangen wäre, wenn ich dort Gott einen größeren Dienst hätte erweisen können oder wenn mein Vater es so gewünscht hätte. Ich erinnere mich noch an den Schmerz, den ich empfand, als ich das Haus meines Vaters hinter mir ließ. Mir war, als gäbe es keinen größeren Schmerz auf der Welt, nicht einmal wenn man stirbt. Für mich war es so, wie wenn sich jeder Knochen vom anderen loslöste" (Vida 4,1).

Das Klosterleben

Am 2. November 1535 trat die etwa 20-jährige Teresa in Avila ins Kloster der Menschwerdung ein, in dem damals etwa 180 Schwestern lebten. Genau ein Jahr später, „am Allerseelentag *[2. November 1536]* habe ich das Ordensgewand angelegt“. *Vierzig Jahre später schrieb Teresa in einem Brief:* „Möge Gott eine echte Karmelitin aus mir machen! Lieber spät als gar nicht“ (Brief 138,5).

„Manchmal, wenn ich stundenlang putzen musste, dachte ich zurück an die Stunden, in denen ich mich früher vergnügt oder mit meinem Aussehen beschäftigt hatte. Ich war dann überrascht und konnte nicht verstehen, woher die Freude kam, die mich jetzt erfüllte“ (Vida 4,2).

„Die Umstellung meiner Lebensweise und des Essens haben meine Gesundheit sehr belastet. Im ersten Jahr im Kloster hatte ich *[mit 22 Jahren]* mehrere Ohnmachtsanfälle, Herzprobleme und noch viele andere Beschwerden. Als die Ärzte hier mir nicht helfen konnten, setzte mein Vater sich für mich ein und ließ mich an einen Ort bringen, der dafür bekannt war, dass dort viele Krankheiten geheilt werden konnten. Jene Freundin, die ich im Kloster hatte, begleitete mich.

An diesem Ort *[Becedas, etwa 80 km von Avila entfernt]* war ich fast ein Jahr. Die schmerzvollen Therapien habe zwar ich ertragen, nicht aber mein Körper. Ich war mit meinen Kräften am Ende, die Herzprobleme haben sich verschlimmert, manchmal war ich zusammengekrampft wie ein Wollknäuel; dazu kamen Schlafstörungen und eine abgrundtiefe Traurigkeit" (Vida 4,5f; 5,7; 6,1). „Die Schmerzen waren unerträglich, mein ganzer Körper tat mir weh, vom Kopf bis zu den Füßen. Dabei hatte ich die Worte Ijobs in meinem Kopf und sagte sie mir vor: Wenn wir das Gute aus Gottes Hand annehmen, warum ertragen wir dann nicht auch das Schlimme [vgl. Ijob 2,10]. Ich glaube, das gab mir Kraft" (Vida 5,8).

„In diesem Jahr wusste ich immer noch nicht, wie ich beten und mich sammeln sollte. Ein Onkel schenkte mir ein Buch mit dem Titel ‚Drittes ABC' *[Tercer Abecedario des Franziskaners de Osuna]*. Das nahm ich mir zum Lehrmeister und entschloss mich, mit allen Kräften den Weg zu gehen, der darin aufgezeigt war" (Vida 4,7).

„Ich bemühte mich, so gut ich konnte, mir Jesus lebendig vorzustellen, als jemand, der in meinem Inneren gegenwärtig war. Das wurde meine Art zu beten" (ebd.).

„Alles, was mit dem Klosterleben zu tun hatte, begeisterte mich. Mit einer Ausnahme: wenn ich mich zurückgesetzt fühlte. Denn ich genoss es, geschätzt zu werden" (Vida 5,1).

„In diesem Kloster, in dem man nicht sehr nach Vollkommenheit strebte, lief ich, armselig, wie ich war, dem nach, was mangelhaft war und ließ das Gute links liegen" (ebd.).

„Hätte Gott nicht seine Hand über mich gehalten, hätte ich auch Böses getan. Denn mir ist alles zuzutrauen" (Vida 5,5).

Im August 1539 „war ich etwa vier Tage lang bewusstlos. Man rechnete stündlich mit meinem Tod. Ich empfing die Krankensalbung, und man betete mir ununterbrochen das Credo vor, wie wenn ich etwas davon hätte verstehen können. Man hielt mich sogar für tot. Das merkte ich später, als ich beim Aufwachen Wachs auf meinen Augenlidern fand“ (Vida 5,9). *[Damals wurden die Augen der Verstorbenen mit einem Wachstropfen der Sterbekerze verschlossen].* „In meinem Kloster hatte man schon ein Grab geöffnet und in einem Kloster unserer Brüder außerhalb der Stadt wurde schon das Totengebet für mich gesprochen. Doch Gott wollte es anders. Er ließ mich wieder zu mir kommen“ (Vida 5,10).

„Ich ließ mich *[noch im August 1539]* wieder in mein Kloster zurückbringen. Die man als Tote erwartet hatte, kam als Lebendige. Doch ich war nur noch Haut und Knochen, körperlich war ich schlechter dran als eine Leiche“ (Vida 6,2).

Ihre ersten Jahre im Kloster kommentiert sie rückblickend so: „Als junge Schwester war ich mit so vielen Nichtigkeiten beschäftigt, dass ich mich mit der Gebetsordnung und mit dem, was ich beim gemeinsamen Chorgebet zu tun und zu lassen hatte, kaum vertraut war. Damit niemand merkte, wie wenig ich mich in diesen Dingen auskannte, hatte ich zunächst nicht den Mut, andere Novizinnen um Hilfe zu bitten. ... Ich konnte auch nicht gut singen. Nach einiger Zeit ... machte ich mir nichts mehr daraus, wenn andere merkten, dass ich etwas nicht konnte" (Vida 31,23).

Um 1542/43 begann eine neue Phase ihres Lebens. „Ging es um Unvollkommenheiten, Auffallendes und Nichtigkeiten, hatte ich großen Eifer und viel Geschick" (Vida 6,6).

„Ich verlor die Freude an einem tugendhaften Leben, am inneren Beten und vertrieb mir die Zeit mit Eitelkeiten. Aber nach außen hin wahrte ich einen guten Eindruck" (Vida 7,1).

Das Sterben ihres Vaters

„In dieser Zeit wurde mein Vater schwer krank. Ich ging nach Hause, um ihn zu pflegen. Das fiel mir sehr schwer, aber so konnte ich ihm etwas von dem vergelten, was er für mich getan hatte, als ich krank war. Mein Vater war mein ganzes Glück. Der Gedanke, ihn zu verlieren, war für mich, als würde mir die Seele aus dem Leib gerissen. So lieb hatte ich ihn. Bis zu seinem Tod nahm ich meine ganze Kraft zusammen, um ihm meinen Schmerz nicht zu zeigen.

Als es ihm schlechter ging, wünschte er sich, sterben zu dürfen. Nach der Krankensalbung bat er uns, für ihn zu beten, dass Gott ihm barmherzig sei. Er forderte uns auf, Gott zu dienen und daran zu denken, dass alles einmal zu Ende geht. Unter Tränen gestand er uns, dass er es bereue, nicht als Ordensmann in einem der strengsten Klöster gelebt zu haben. …

Die letzten drei Tage war er ohne Bewusstsein, doch kurz vor seinem Tod kam er noch einmal zu sich. Während er mit uns das Credo betete, starb er, wie er in seinem Inneren war: wie ein Engel" *[am 24. Dezember 1543]* (Vida 7,16).

Das Bild des leidenden Menschen Jesus

„Da ich ein solches Leben und Sterben miterleben konnte, hätte ich ein besseres Leben führen sollen. Mich machte alles glücklich, was mit Gott zu tun hatte, aber auch die Dinge der Welt hielten mich gefangen" (Vida 7,16f). „Fast zwanzig Jahre *[um 1535 bis 1554]* trieb ich wie auf einem aufgewühlten Meer. Fallen, kurz aufstehen, und wieder hinfallen. Das war sehr anstrengend, denn ich fand mein Glück weder bei Gott noch in der Welt. Ich weiß nicht, wie ich das so viele Jahre aushalten konnte" (Vida 8,2).

„Eines Tages *[in der Fastenzeit des Jahres 1554]* sah ich im Gebetsraum des Klosters eine Statue Christi mit vielen Wunden. Dieser Anblick hat mich tief erschüttert. Was hat er für uns erlitten! … Ich stellte mir Jesus betend im Garten Getsemani vor. Dort war ich ihm nahe. So gut ich konnte, dachte ich an seine Not, seine Angst, seine Einsamkeit. Ich hielt mich so lange bei ihm auf, wie meine zerstreuten Gedanken es zuließen. Viele Jahre hindurch dachte ich vor dem Einschlafen an Jesu Gebet am Ölberg. Auf diese Weise fing ich an, das innere Beten zu üben, ohne dass ich wusste, was es sei" (Vida 9,1.4).

„In den Dingen des Himmels war mein Verstand schwerfällig. Ich konnte mir Christus nur als Mensch vorstellen. Ich freute mich, sein Abbild zu sehen, wie es mich freut, das Bild von jemand zu sehen, den ich gern habe" (Vida 9,5f).

Die Gründerin

Im Herbst 1560 trafen sich in Teresas geräumiger Zelle im Kloster der Menschwerdung zu Avila einige Schwestern und Freundinnen. Viele von ihnen waren mit Teresa verwandt. Sie sprachen miteinander über ihre Sehnsucht nach einem entschiedenen Leben. Sie dachten an die Heiligen, die sich in die Wüste zurückgezogen hatten und sagten sich: Wenn wir schon nicht in die Wüste gehen können, so könnten wir vielleicht ein eigenes kleines Kloster gründen. Dabei hatten sie ein Reformkloster von Franziskanerinnen in Avila vor Augen.

„Das Haus, in dem ich lebte, war groß und angenehm. Ich fühlte mich in meiner Zelle dort sehr wohl. Zunächst dachte ich: Das Beste, was ich für Gott tun kann, besteht darin, so gut ich kann, meiner Berufung und der Regel zu folgen. Doch eines Tages *[im Jahr 1561]* trug Gott mir eindringlich auf, ein neues Kloster zu errichten. Darüber war ich tieftraurig, denn ich sah voraus, was mich das kosten würde. Ich fühlte mich unter einem großen Druck, ohne zu wissen, was ich tun sollte. Aber Gott sagte mir immer wieder, dass er das so will" (Vida 32,9–12).

Teresa fand bei einigen geistlichen Personen Unterstützung für ihr Vorhaben. „Doch die meisten waren damals gegen uns und hielten den Plan für einen großen Unsinn. In meinem eigenen Kloster war der Aufruhr so groß, dass der Provinzial seine Meinung änderte und nicht mehr hinter uns stand. Das machte mir sehr zu schaffen. Denn wenn er es gewollt hätte, wäre ich vor allen anderen entschuldigt gewesen" (Vida 32,15).

Im gleichen Jahr schrieb Teresa: „Auf Männer ist kein Verlass. Sobald es Widerstand und Gerede gibt, brechen sie ab wie dürre Rosmarinzweige" (Relaciones 3,1).

„Nun war ich in meinem Kloster schlecht angesehen, weil ich ein strengeres Kloster errichten wollte. Die Schwestern sagten mir, dass ich Schande über sie brächte, dass man Gott auch so dienen könne, dass es besser wäre, für dieses Haus Geld zu finden als für ein anderes ... Nur ganz wenige setzten sich für mich ein. ... Mein Beichtvater schrieb mir: Aus dem, was vorgefallen sei, solle ich erkennen, dass alles nur Träumerei sei, über die ich nicht mehr sprechen solle. Das hat mich so getroffen, dass ich wie am Boden zerstört war. Doch Gott ließ mich verstehen, dass ich ihm sehr diene, aber einige Zeit nicht darüber reden soll. Das hat mich getröstet" (Vida 33,2f).

Erst ein neuer Beichtvater gab Teresa die ersehnte Erlaubnis. „Wir kamen überein, ganz im Geheimen zu verhandeln. Ich bat eine meiner [*leiblichen*] Schwestern, die außerhalb von Avila wohnte, das Haus zu kaufen – mit Geld, das Gott uns zukommen ließ. Sie richtete es her, wie wenn es ihr eigenes Haus wäre … Das Haus kam mir zu klein vor. Es sah nicht danach aus, dass es ein Kloster werden könnte. Daher wollte ich ein angrenzendes Gebäude hinzukaufen, um daraus eine Kirche zu machen. Doch eines Tages sagte mir Jesus: ‚Diese Habsucht! Wie oft habe ich unter freiem Himmel geschlafen, weil ich keinen Ort hatte, um mich hinzulegen!' Ich sah ein, dass er recht hatte. Ich ging also zu dem Häuschen und teilte es ein. Es war sehr klein, aber angenehm" (Vida 33,11f).

Am 24. August 1562 konnten die ersten Schwestern in das neue Kloster einziehen und von Teresa das Ordensgewand empfangen.

„Das ist es, was die Schwestern hier immer anstreben sollen: allein mit Jesus allein zu sein. Es sollen nie mehr als dreizehn Schwestern sein. Um den Geist hier zu wahren, sollen sie *[ohne feste Einkünfte]* von Almosen leben und nicht vom Betteln. Dass das so gut ist, kann man an dem großen Glück, an der Freude und an der geringen Not sehen, die alle haben, seit wir hier sind" (Vida 36,29).

„Als das in Avila bekannt wurde, schickte mir meine Oberin den Befehl, auf der Stelle zurückzukommen. Ich ließ meine Schwestern arg betrübt zurück und zog *[für kurze Zeit]* ins *Kloster der Menschwerdung*. Ich ahnte, dass Schweres auf mich wartete, vielleicht würde man mich in eine Isolierzelle stecken. Diese Vorstellung bedrückte mich aber gar nicht, im Gegenteil: Dann müsste ich mit niemandem reden und könnte mich in der Einsamkeit etwas ausruhen. Das hatte ich auch nötig, denn ich war wie gerädert.

Sobald ich im Kloster war und der Oberin Rechenschaft abgelegt hatte, wurde mein Fall dem Provinzial *[Pater Angel de Salazar]* übertragen. Er gab mir einen scharfen Verweis, wenn auch nicht so streng, wie es das begangene Delikt verdient gehabt hätte. In manchen Punkten wurde ich unschuldig verurteilt. Man sagte mir zum Beispiel, ich hätte das nur getan, um Aufsehen zu erregen und bekannt zu werden. In anderen Punkten sagten sie klar die Wahrheit: Ich sei schlimmer als andere. Wie könne ich glauben, in einem anderen Haus die Ordensdisziplin strenger befolgen zu können, wenn ich mich in diesem Haus schon nicht an die Regeln hielt! Ich tat so, als empfände ich Schmerz darüber, damit es nicht so aussah, als ob ich nicht ernst nehmen würde, was sie mir sagten" (Vida 35,11–13).

Nach dem Kloster San José in Avila gründete Teresa weitere sechzehn Frauen- und zwei Männerklöster. Die Karmelitinnen und Karmeliten dieser Klöster wurden vom Volk „Unbeschuhte" genannt. Dieser Beiname hat sich bis heute erhalten.

„Der Nutzen, den unsere Häuser an ihren Orten haben, ist so groß, dass ich mich im Gewissen verpflichtet fühle, so viele zu gründen, wie ich nur kann“ (Brief 24,7; 17.1.1570).

Über den Kauf neuer Häuser:

„Für ein Kloster ist eine gute Lage wichtig. Für Wasser und eine schöne Aussicht würde ich liebend gern viel bezahlen.“

„Ich bin eine gute Feilscherin.“

(Brief 135,15; 24,5)

(Als es um den Kauf eines Hauses für eine neue Niederlassung ging.)

„Ich bitte Sie *[Pater Baltasar Alvarez]* inständig, bald über *[ein Haus in Salamanca]* zu verhandeln. Ich glaube, es ist so alt, dass man es gleich ausbessern muss. Doch das ist nicht schlimm, wenn es geräumig ist und einen Brunnen hat. Verhandeln Sie so, dass kein allzu großes Interesse spürbar wird, sonst wird alles noch teurer.“

(Brief 90,2; 9.10.1575)

Über die Aufnahme neuer Schwestern:

„Bei Schwestern, die viel Geld mitbrachten, hatte ich Angst, aber bei den Armen, die ich nur um Gottes willen aufnahm, wurde mein Herz weit. Sie bereiteten mir solche Freude, dass mir die Tränen kamen."

(Fundaciones 27,13)

An María de San José, Priorin in Sevilla:

„Auf gar keinen Fall sollen Sie eine Schwester aufnehmen, die keinen gesunden Menschenverstand hat. Das ist gegen die Konstitutionen und ein unheilbares Übel."

(Brief 237,2; 28.3.1578)

In ihrem Buch über den Weg der Vollkommenheit fasst Teresa das Anliegen ihrer Klostergemeinschaften in einem Dreiklang zusammen:

„Gegenseitige Liebe – Loslassen alles Geschaffenen – wahre Demut."

(Camino 4,4)

Trotz ihrer Übermüdung gab Antonio de Jesús, der 1568 zusammen mit Johannes vom Kreuz in den Karmelorden eingetreten war, Teresa den Auftrag, nach Alba de Tormes zu fahren, um Schwierigkeiten im dortigen Konvent zu regeln. Hier brach die Todeskrankheit, die Teresa sicher schon lange in sich trug, voll aus. Sie bekam hohes Fieber und starke Blutungen. Am Abend des 4. Oktober 1582 starb sie im Alter von 67 Jahren im Beisein von Schwester Ana de San Bartolomé, die Teresa auf vielen Reisen begleitet hatte.

II

Freundschaftliche Beziehungen

Teresa pflegte viele freundschaftliche Beziehungen. In den Jahren 1556/57 wurde ihr Beichtvater, Pater Diego de Cetina, versetzt.

„Das tat mir sehr leid, ich war untröstlich und hatte Angst, nie wieder jemand zu finden wie ihn. Doch eine Verwandte riet mir, zu ihrem Beichtvater zu gehen *[dem Jesuitenpater Juan de Prádanos]*. Dieser sagte mir, ich solle nichts unterlassen, was Gott gefallen könnte.

Ich hatte einige Freundschaften und hielt es für undankbar, sie aufzugeben. Als ich einmal um den Heiligen Geist betete, hörte ich Gottes Wort: ‚Ich möchte nicht, dass du weiterhin Beziehungen zu Menschen pflegst, sondern zu Engeln.' Ich war erstaunt und reagierte sehr heftig. Diese Worte machten mir Angst und zugleich gaben sie mir Trost. Seitdem habe ich feste Freundschaften nur noch mit Menschen geschlossen, die sich bemühten, Gott zu dienen, und mit denen ich über das innere Beten sprechen konnte. Der Herr gab mir die innere Freiheit und die Kraft, das in die Tat umzusetzen" (Vida 24,4–7).

„Wenn ich feststellte, dass jemand mich mochte und er mir auch sympathisch war, erfüllte mich eine so große Zuneigung, dass mich mein Gedächtnis zwang, an ihn zu denken. Es freute mich, ihn zu sehen und an ihn und an das Gute zu denken, das ich an ihm entdeckt hatte. Das hat mich manchmal auch arg in die Irre geführt“ (Vida 37,4).

„Eines Tages fragte ich mich, ob es eine Anhänglichkeit sei, wenn ich glücklich darüber bin, mit Menschen zusammen zu sein, mit denen ich über mein Inneres sprechen kann, zu denen ich Liebe empfinde oder von denen ich mich getröstet fühle, weil sie große Diener Gottes sind. Da sagte der Herr zu mir: ‚Es ist keine Tugend, wenn sich ein Schwerkranker einem Arzt anvertraut, ihn aber nicht liebt und ihm gegenüber nicht dankbar ist.‘

Weiter sagte mir Jesus, dass ein Gespräch mit guten Menschen mir nicht schadet. Doch meine Worte sollen immer überlegt und aufbauend sein. Mit solchen Menschen zu sprechen sei nicht schädlich, sondern nützlich. Das tröstete mich sehr, denn manchmal wollte ich aufhören, mit ihnen zu sprechen“ (Vida 40,19).

„Unterhaltungen mit Verwandten und Angehörigen erscheinen mir als Last. Doch wenn ich mit jemand Fragen des Betens und des inneren Lebens besprechen kann, bereitet mir das Trost und Freude“ (Relaciones 1,8).

Über zwei Freundschaften haben wir ausführliche Zeugnisse: über Teresas Beziehung zu ihrer Mitschwester María de San José (Salazar) und zu Pater Jerónimo Gracián. Wir bringen kurze Auszüge aus ihrer Korrespondenz, in chronologischer Reihenfolge.

Teresa und Schwester María de San José

María Salazar (1548–1611) lernte 14-jährig die etwa 33 Jahre ältere Teresa kennen. Als sie mit 22 Jahren in Malagón ins Kloster der Unbeschuhten Karmelitinnen eintrat, erhielt sie den Ordensnamen María vom heiligen Josef, dem Schutzpatron des ersten von Teresa gegründeten Klosters. María de San José war zehn Jahre Pri-

orin des Klosters in Sevilla. 1585 gründete sie das erste teresianische Kloster außerhalb Spaniens, in Lissabon. Wegen ihrer Treue zur Gründerin hatte sie einflussreiche Gegner, die sie zweimal in einem Klosterkerker festhielten und nach dem Tod Teresas nach Toledo strafversetzten.

Aus ihrer Zeit als Priorin in Sevilla sind uns etwa 50 Briefe erhalten, die Teresa ihr schrieb.

2. Juli 1576:

„Über Ihre Entschuldigungen habe ich geschmunzelt. Wenn Sie mich so sehr mögen wie ich Sie, verzeihe ich Ihnen, was geschehen ist."

(Brief 112,1)

11. Juli 1576:

„Achten Sie gut auf sich; denn es ist besser, sich zu pflegen, als krank zu sein."

(Brief 114,6)

7. September 1576:

„Manchmal überkommt mich eine solche Sehnsucht, Sie zu sehen, dass man meinen könnte, ich hätte nichts anderes zu tun."

(Brief 120,4)

11. November 1576:

„Ich ärgere mich, wenn Sie mir sagen, dass es Ihnen gut geht. Sie haben doch Fieber. Kommt das vielleicht von Verstopfungen? Lassen Sie das ja nicht chronisch werden. … Ich empfehle Einreibungen, damit das Fieber zurückgeht … Sprechen Sie auf jeden Fall mit dem Arzt darüber. So, wie es Ihnen jetzt geht, darf es nicht bleiben, sonst wird es nur noch schlimmer, und dann hilft Ihnen kein Heilmittel mehr."

(Brief 148,3)

3. Januar 1577:

„Sie schrieben mir, dass es Ihnen nach dem Aderlass besser gehe. Mich interessiert aber, ob sie fieberfrei sind. Ich habe mich über Ihren Brief gefreut. Noch mehr würde ich mich freuen, Sie zu sehen. Mir scheint, wir sind große Freundinnen; denn es gibt wenige, mit denen ich so gerne über vieles sprechen möchte wie mit Ihnen."

(Brief 173,2)

9. Januar 1577:

„Ich habe mich gewundert über die Aufstellungen der Almosen, die Sie mir geschickt haben, und ebenso über die Höhe der Einnahmen, mit denen Sie rechnen. Gebe Gott, dass Sie die Wahrheit sagen! Doch Sie sind ein schlauer Fuchs, ich vermute, Sie haben etwas durch die Blume gesagt. ... Es stimmt, dass ich Sie besonders gern habe, aber ich weiß nicht warum."

(Brief 175,10)

26. Januar 1577:

„Ich weiß nicht, welche Versuchung mich gepackt hat, dass ich Sie so gern habe. Allmählich glaube ich Ihnen, wenn Sie mir sagen, dass es Ihnen genauso geht."

(Brief 180,1)

28. Juni 1577:

„Ihre Krankheit macht mir mehr Kummer, als wenn andere krank sind; pflegen Sie sich gut. Tragen Sie Leinen und lassen Sie in dieser Zeit alle Strenge beiseite! ... Ich möchte nicht, dass Sie Hunger leiden. Wenn Sie nicht das Geld für Lebensmittel haben, leihen Sie es sich aus und zahlen es später zurück. So machen wir es auch hier."

(Brief 199,8f)

11. Juli 1577:

„Um Gottes willen: Achten Sie auf sich, verwöhnen Sie sich. Wenn Sie das tun, machen Sie mir ein Geschenk."

(Brief 202,6)

Karfreitag 1578:

„Schicken Sie mir etwas Orangenblütenwasser. Aber so, dass das Gefäß nicht zerbricht. … Ich habe gehört, dass es in Ihrem Kloster sehr schöne Papierbilder gibt. Schicken Sie mir eines mit dem heiligen Paulus, eines, das mir gefällt und das ich gerne anschaue."

(Brief 237,5.9)

4. Juni 1578:

„Das Wasser, das Sie mir geschickt haben, ist wohlbehalten bei mir angekommen. Auch die Kännchen gefallen mir. Doch jetzt brauche ich kein Orangenblütenwasser mehr, denn es geht mir wieder besser. Jetzt muss ich mich nicht mehr so verwöhnen. Einmal muss ich ja schließlich mit dem Ich-Sterben [*der Buße*] beginnen! Meinem Arm geht es [*nach einem Sturz auf der Treppe an Heiligabend 1577*] langsam besser. Aber ich brauche immer noch Hilfe beim Anziehen. Auch die Kiste mit dem Eingemachten ist gut angekommen. Aber denken Sie nicht, dass ich viel davon esse. Ich bin keine Freundin davon, aber das Verschenken werde ich mein Leben lang nicht los. ... Ich bin selbst erstaunt, wie gern ich Sie habe. Aber es ist schlimm für mich, dass ich so wenig für Sie tun kann."

(Brief 248,1–3)

8. November 1581:

„Ihr Brief hat mir wirklich gut getan; das ist ja nichts Neues. Während Briefe anderer Schwestern mich ermüden, sind Ihre Briefe für mich eine Erholung. Ich versichere Ihnen, dass ich Ihre Liebe vergelten werde, und ich bin glücklich, wenn Sie es mir auch sagen. Es entspricht doch unserer Natur, dass wir uns danach sehnen, dass unsere Liebe erwidert wird. Das muss etwas Gutes sein, denn auch Jesus hat sich danach gesehnt."

Teresa und Pater Jerónimo Gracián

Jerónimo Gracián kam am 6. Juni 1545 in Valladolid, der damaligen Residenz des spanischen Hofes, zur Welt. Der Vater war Sekretär und Dolmetscher am Hof des Königs Philipp II., eines Sohns von Kaiser Karl V. Graciáns Mutter entstammte einer polnischen Diplomatenfamilie. Jerónimo hatte zwölf Geschwister, fünf Schwestern traten in ein von Teresa gegründetes Kloster ein. Er studierte zunächst „Freie Künste", dann Theologie. Mit 25 Jahren wurde er 1570 zum Priester geweiht – nach längerem innerem Kampf, wie er selbst bekundet: „Fast eineinhalb Jahre habe ich um die Berufung zum Karmel gerungen. Das war eine Zeit großer innerer Zerrissenheit, denn alle natürlichen Gründe sprachen dagegen: meine angeschlagene Gesundheit und die Verpflichtungen meinen Eltern und Geschwistern gegenüber" (Die Pilgerreise des Anastasio). *Isabel de*

Santo Domingo, damals Priorin von Pastrana, hat ihn schließlich 1572 für den Karmel gewonnen. Kaum hatte er sein Noviziat beendet, wurden ihm wichtige Ämter im Orden anvertraut.

Als Pater Magister Gracián 1575 Teresa kennenlernte, war er bereits Provinzialvikar der „Beschuhten" und „Unbeschuhten" Ordenschristen Andalusiens. Im April/Mai 1575 war der 30-Jährige fast drei Wochen zu Besuch bei Teresa in Beas. In einem Brief (vom 12. Mai 1575) an Isabel de Santo Domingo geriet die über 60-jährige Teresa ins Schwärmen:

„Dies waren, ohne Übertreibung, die schönsten Tage meines Lebens. ... Nie sah ich eine solche Vollkommenheit mit so viel Sanftheit gepaart. ... Um nichts in der Welt möchte ich es versäumen, ihn zu sehen und viel mit ihm zusammen zu sein. ... Er predigt wunderbar. ... Er ist für uns Schwestern besser, als wir es von Gott hätten erbitten können" (Brief 81,2f).

Bereits während seines Noviziats in Pastrana – Teresa kannte ihn noch nicht persönlich, sondern nur aus Briefen – hatte Teresa ihren Schwestern geraten, sie sollten dem jungen Novizen

Fray Jerónimo so gehorsam sein, als stünde nicht er, sondern sie selbst vor ihnen.

Diese Vorrangstellung brachte ihn in große Schwierigkeiten, mit denen er lange Zeit leben musste. „Es ist mir noch immer unklar", *schrieb Gracián in seinen Erinnerungen,* „warum sich die Mutter zu einem solchen Zugeständnis hinreißen ließ, wie es noch nie einem Mönch gemacht worden war … Darin sehe ich den Grund all meiner späteren Schwierigkeiten und Leiden, die ich nicht nur im Noviziat, sondern vor allem in der Folgezeit im Orden hatte … Durch ihre liebevolle Bevorzugung, die für jedermann ersichtlich war, fügte sie mir große Schmerzen zu."

Als Teresas engster Mitarbeiter und Beichtvater wurde Pater Gracián 1581 der erste Provinzial der Unbeschuhten Brüder und Schwestern der Provinz Kastilien. Eines Tages fühlte er sich verpflichtet, Teresa wegen ihrer unbefangenen Zuneigung zu tadeln. „Als ich ihr eines Tages den Vorwurf machte, dass sie mich so sehr liebte und mich mit solch großer Sorge umhegte, lachte sie herzlich auf und erwiderte:

‚Offenbar wissen Sie nicht, dass jeder, wie vollkommen er auch sein möge, ein Ventil braucht. Lassen Sie mir dieses Ventil. Was immer Sie sagen mögen, ich habe nicht vor, mein Verhalten im Umgang mit Ihnen zu ändern.'"[1]

Wie Johannes vom Kreuz wurde auch Pater Gracián vom Orden ausgeschlossen (1592) und musste Spanien verlassen. Obwohl er 1598 von der Ordenskongregation in Rom rehabilitiert und wieder in den Orden aufgenommen wurde, lehnten ihn seine Mitbrüder ab. Pater Gracián verbrachte seine letzten Lebensjahre bei den Beschuhten Karmeliten in Brüssel, wo er 1614 starb. Es dauerte 400 Jahre, bis er auch durch den Orden der Unbeschuhten Karmeliten rehabilitiert wurde.

In den sieben Jahren (1575–1582) bis zum Tod der „Madre" führten die beiden einen sehr regen Briefwechsel. Davon sind 97 Briefe von Teresa, aber keiner von Pater Gracián erhalten. Das Hauptthema in ihren Briefen sind konkrete Fra-

1 Jerónimo Gracián, Scholias y addiciones al libro de la Vida de la Madre Teresa de Jesús que compuso el Padre Doctor Ribera, in: El Monte Carmelo (Burgos) 68 (1960), S. 122f.

gen der Ordensreform. Es sollen hier nur einige wenige Worte wiedergegeben werden, die den freundschaftlichen Umgang der beiden bezeugen:

28. August 1575, an ihre Nichte María Bautista:

„Was die Freundschaft mit Pater Gracián betrifft: Ich konnte nicht anders, und ich bereue es auch nicht.“

(Brief 88,9)

Mitte Oktober 1575:

Im Gegensatz zu Teresa, die eine gute Reiterin war, fiel Pater Gracián öfter von seinem Maulesel. Sie schrieb ihm: „Es ärgert mich, dass Sie so häufig stürzen. Man sollte Sie festbinden. Ich weiß nicht, was für einen Esel Sie haben! Müssen Sie denn an einem einzigen Tag zehn Meilen zurücklegen? Das ist doch mörderisch auf einem Packesel. Passen Sie um Gottes willen auf sich auf!“

(Brief 92,5)

15. Juni 1576:

„Gott behüte Sie, und mir gebe er die Geduld, die ich brauche, wenn ich so lange auf einen Brief von Ihnen warten muss."

(Brief 108,11)

20. September 1576:

„Ich überlege, wer Sie am meisten gern hat: Ihre Mutter, die einen Mann und Kinder hat, oder die arme Teresa, die auf Erden nur Pater Gracián hat. Möge Gott Sie mir erhalten!"

(Brief 124,7)

November 1576 [?]

„Es gibt viele Gründe, warum ich Ihnen so viel Liebe zeigen darf. Aber nicht alle Schwestern dürfen das. Auch sind nicht alle Oberen wie Sie, daher dürfen die Schwestern Ihnen gegenüber nicht arglos sein … Ich habe mich bemüht, meine Unvollkommenheiten, meine Liebe zu Ihnen und meine Sorge um Sie vor den Schwestern zu verbergen. Doch sie sind ja so zahlreich und haben bestimmt vieles bemerkt. … Ich bitte Sie inständig darum, die Briefe, die ich Ihnen schreibe, nicht anderen vorzulesen. … Denn es ist ein großer Unterschied, ob ich mit Ihnen spreche wie zu mir selbst oder ob ich mit anderen Personen spreche, und sei es mit meiner eigenen Schwester. Ich möchte, dass niemand etwas davon erfährt. So wie ich auch nicht möchte, dass jemand zuhört, wenn ich mit Gott spreche, oder mich stört, wenn ich mit ihm allein sein will."

(Brief 141,1f)

9. Januar 1577:

„Dass Sie sich nun mit dem Beichthören beschäftigen, kommt mir schon seltsam vor. Haben Sie nichts anderes zu tun?! Das scheint mir doch sehr übernatürlich gedacht. … Gott behüte Sie mir; denn Sie machen mich sehr glücklich. Machen Sie sich keine Sorgen. Gott, der dieses Band geknüpft hat, zog den Knoten so fest, dass nur der Tod ihn lösen kann. Und nach dem Tod wird das Band nur noch fester sein … An Sie zu denken hilft mir, den Herrn zu loben. Mir scheint, dass dieses Band Gott wohlgefällig ist. Denn ich habe jemand gefunden, der mir hilft, Menschen zu ihm zu führen. Das ist für mich eine große Erleichterung und Freude."

(Brief 174,2,4f)

14. Mai 1578:

„Als ich gestern Ihren Brief erhielt, ging es mir trotz einer schweren Erkältung gleich viel besser. Wie sehr wünsche ich mir, dass Sie hier wären. … Beten Sie immer fest für mich, denn ich bin schon sehr alt *[63 Jahre]* und verbraucht, aber nicht in meinen Wünschen."

(Brief 246,1.5)

10. Juni 1579:

„Mit jedem Tag, den Sie so weit weg sind, fühle ich mich einsamer. Da Jesus mir nahe ist, kann ich dieses Leben aushalten: ohne menschliche Freuden, aber in beständiger Freude …"

(Brief 297,5)

14. Januar 1580:

„Wollte Gott mir eine Freude machen, so würde er Sie zu mir schicken. Will er mir diese Freude nicht machen, so sei dieses Kreuz mir willkommen."

5. Mai 1580:

„Ich wünsche mir von ganzem Herzen, dass Sie wieder hierher kommen. So könnte ich bei Ihnen Trost finden und mit Ihnen über meine Angelegenheiten sprechen."

24. Mai 1581:

„Preisen Sie Gott, der Sie so schuf, dass jeder Sie gern hat! Niemand vermag diese Leere auszufüllen, die Sie hinterließen. Der armen Teresa wird alles zur Last. Ich bitte sehr um Ihr Gebet. Nichts kann mir die Ruhe und den Frieden wiedergeben, es sei denn Gott und jemand, der mich so versteht wie Sie, mein Pater. Alles andere wird mir zu einem solch schweren Kreuz, wie ich es niemandem wünsche."

III

Von A bis Z

Alt

An Don Francisco de Salcedo, der mit einer ihrer Verwandten verheiratet gewesen war:
„Sprechen Sie nicht so oft über Ihr Alter. Das hält mein Kopf nicht aus. Als ob das Leben junger Leute gesichert wäre! Möge Gott Sie mir erhalten, solange ich lebe. Danach will ich dafür sorgen, dass der Herr Sie rasch zu sich nimmt, damit ich dort nicht ohne Sie bin." (Brief 13,1; September 1568)

Arbeit

„Ich glaube,
dass man viel Arbeit leisten kann,
wenn man sie ohne Lärm
und in Milde angeht.
Man muss nicht alles
an einem Tag erreichen wollen."

(Brief 89,2; 27.9.1575)

„Achtet auf einen guten Anfang,
damit auch das Ende gut wird.“

(Brief 46,2; Dezember 1572)

„Wer entschlossen beginnt,
hat schon einen guten Teil des Wegs
hinter sich.“

„Alles ermüdet,
wenn wir der Arbeit
aus dem Weg gehen wollen.“

Unser tägliches Brot gib uns heute.
„Das gilt aber nur
für die Zeit des Gebets.
Außerhalb dieser Zeit
müsst ihr arbeiten
und euer Brot verdienen.“

(Über das Vaterunser)

Askese

„Wenn Fasten, dann Fasten;
wenn Rebhuhn, dann Rebhuhn."

„Für Schwester Isabel wäre es gut, ein paar Tage Fleisch zu essen [*sich zu stärken*] und nicht das innere Beten zu üben."

(Brief 136,9; 23.10.1576)

An die Priorin und die Schwestern von Soria:
„Es freut mich, dass es der Subpriorin besser geht. Wenn sie Fleisch essen muss, dann macht das nichts, selbst in der Fastenzeit nicht. Das ist nicht gegen die Regel, da eine Notwendigkeit vorliegt. Seien Sie in diesem Punkt nicht eng."

(Brief 403,6; 26.12.1581)

Ein gutes Beispiel

„Die Putzordnung *[in unseren Klöstern]*
beginne mit der Mutter Priorin,
damit diese ein gutes Beispiel gebe."

(Konstitutionen 22)

Briefe schreiben

Man nimmt an, dass Teresa in ihrem Leben über 25 000 Briefe geschrieben hat. Davon sind nur etwa 480 erhalten geblieben.

„Briefe zu schreiben
ist für mich eine wahre Tortur.
Und wenn es einmal
zu meinem Vergnügen wäre,
dann fehlt mir die Zeit."

(Brief 77,5; 23.12.1574)

„Der Arzt hat mir verordnet,
niemals länger
als bis Mitternacht zu schreiben."

(Brief 182,1; 10.2.1577)

„Meine vielen Briefe und all die Arbeiten, die ich zu erledigen habe, führten dazu, dass ich im Kopf ein Rauschen und eine Schwäche spüre. Daher hat man mir aufgetragen, nur das eigenhändig zu schreiben, was unbedingt notwendig ist."

(Brief 187,5; 28.2.1577)

Bücher

„Der Herr sagte mir:
‚Sei nicht traurig,
ich will dir ein lebendiges Buch geben.‘
Und er war wirklich das wahre Buch,
in dem ich die Wahrheit schaute.“
(Vida 26,7)

Teresa hatte für ihre schriftstellerische Tätigkeit keine Bücher zur Verfügung. Nicht einmal eine Bibel. Die geistlichen Werke in ihrer kastilischen Muttersprache waren 1559 von der Inquisition verboten worden und mussten verbrannt werden.

Buße tun

„Manchmal tue ich schon ein bisschen Buße, doch insgesamt so wenig, dass ich selbst darüber lachen muss.“ (Vida 30,20)

Dankbarkeit

„Ich habe einen Hang zur Dankbarkeit. Das ist kein Zeichen von Vollkommenheit, sondern eher eine natürliche Veranlagung. Denn schon mit einer Sardine, die man mir schenkt, kann man mich bestechen."

(Brief 264; September 1578)

Demut

Demut: „Stehen in der eigenen Wahrheit".

(Innere Burg VI, 10,7)

„Die Demut gleicht einer Biene,
die Honig bereitet.
Aber vergessen wir nicht,
dass die Biene auch ausschwärmt,
um Blüten zu suchen.
So sollen auch wir uns immer wieder
von der Selbsterkenntnis
zur Betrachtung der Größe Gottes
erheben."

„Wer beim Schachspiel die Figuren nicht in der rechten Ordnung aufstellt und sie nicht zu bewegen weiß, der kann nicht gut spielen. Und wer nicht Schach bieten kann, wird nie den anderen schachmatt setzen. … Ich spreche von einem Spiel, das man im Kloster nicht hat und auch nicht haben soll. Beim Schach ist es so: Die Königin kann dem König am meisten zusetzen; die anderen Figuren unterstützen sie. Die Königin, die den himmlischen König bewogen hat, Mensch zu werden in der Jungfrau Maria, ist die Demut."

(Camino 16,1f)

„Ohne Liebe gibt es keine Demut
und ohne Demut keine Liebe."

(Camino 16,2)

„Das ganze Gebäude des geistlichen Lebens beruht auf dem Fundament der Demut."

(Innere Burg)

„Die Demut ist das Fundament
für das Beten."

(Vida 22,11)

„Wahre Demut bringt Ruhe,
Friede und Heiterkeit mit sich."

(Über das Vaterunser)

„Sich mit der Demut beschäftigen
und demütig sein
ist mehr als alles Wissen der Welt."

(Vida 15,8)

„Aus allen Gebetserfahrungen
und inneren Gefühlen
soll man demütig hervorgehen."

(Vida 15,10)

Eigennutz

„Wo Eigennutz im Spiel ist,
gibt es keine Heiligkeit."

(Brief 164,4; 16.12.1576)

Einsamkeit

An María Bautista, eine Verwandte, die Priorin in Valladolid war: „Für Sie ist es besser, sich die Einsamkeit zu wünschen, als sie zu haben." (Brief 63,2; 14.5.1574)

Engel

„Wir sind keine Engel,
sondern haben einen Leib.
Es wäre Unsinn,
uns zu Engeln aufschwingen zu wollen,
solange wir hier auf Erden leben."

(Vida 22,10)

„Es ist nicht möglich,
auf Erden Engel zu sein.
Das ist nicht unsere Natur."

(Zum Hohenlied 2,3)

Erkenntnis

„Je größer die Gnade ist,
desto klarer die Erkenntnis."

(Vida 15,14)

Fortschritte

„Manchmal denke ich darüber nach, wieso alle anderen Fortschritte machen und ich zu nichts tauge. Das ist keine Demut, sondern Wahrheit." (Relaciones 3,9)

Frömmigkeit

„Vor unerleuchteter Frömmigkeit
bewahre uns Gott!“

(Vida 13,16)

Frauen

„Wenn ich nur daran denke,
dass ich eine Frau bin,
und dazu noch eine so armselige,
dann lasse ich die Flügel hängen!“

(Vida 10,8)

„Die Richter dieser Welt sind alle Söhne Adams, lauter Männer. Für sie gibt es auch nicht eine weibliche Fähigkeit, die sie nicht für verdächtig halten.“

(Relaciones 4,1)

„Wenn ich auf unsere Zeit blicke,
finde ich es überhaupt nicht gerecht,
dass tugendhafte, starke Menschen
missachtet werden,
nur weil sie Frauen sind.“

„Ich weiß aus Erfahrung, wie das mit vielen Frauen auf einem Haufen ist: Bewahre uns Gott!" (Brief 53,6; 27.7.1573)

Teresa hat die Höchstzahl eines Frauenklosters zunächst auf 13 Schwestern festgesetzt, dann auf 20 erhöht.

An Pater Jerónimo Gracián: „Glauben Sie mir, dass ich die Gemütsschwankungen von Frauen besser kenne als Sie!"

(Brief 92,2; Mitte Oktober 1575)

„Auch wenn wir Frauen zum Ratgeben nicht taugen *[was damals ein geflügeltes Wort war]*, so treffen wir doch ab und zu das Richtige. Selbst wenn ich nicht die rechten Worte finde, bin ich mir ganz sicher, dass ich in meiner Absicht nicht falsch liege."

(Brief 102,8f; Januar/Februar 1576)

An den Karmelitenpater Ambrosio Mariano: „Ich musste schmunzeln, als Sie mir schrieben, Sie würden die Schwestern auf den

ersten Blick durchschauen. So leicht geht das nicht."
(Brief 135,7; 21.10.1576)

An Pater Jerónimo Gracián: „Mein Pater, seien Sie um Gottes Willen vorsichtig in allem, was Sie tun. Trauen Sie niemals Nonnen, die Ihnen tausend Dinge vorspiegeln, um eine Sache zu bekommen, die sie unbedingt haben wollen."

(Brief; 1.9.1582)

Freude

„Ich fürchte nichts so sehr,
als wenn ich sehe,
dass unsere Schwestern
die Freude des Herzens verlieren."

„Ich glaube, dass meine Freude
nicht mehr von dieser Welt ist.
Denn was ich möchte,
habe ich nicht,
und was ich habe,
möchte ich nicht."

(Brief 76,1; 3.12.1574)

Freundlichkeit

„Bemüht euch,
zu allen, denen ihr begegnet,
freundlich und entgegenkommend
zu sein,
damit sie euch
und eure Lebensweise gern haben
und sich nicht
von der Tugend abschrecken
oder einschüchtern lassen."

(Über das Vaterunser)

Freundschaft

„Der Umgang mit Freunden Gottes bringt immer großen Gewinn. Das weiß ich aus Erfahrung; denn außer Gott habe ich es solchen Menschen zu verdanken, dass ich nicht in der Hölle bin." (Camino XI)

„Es liegt in unserer Natur, dass sich eine Schwester zu der einen mehr hingezogen fühlt als zu einer anderen. Das ist nicht anders möglich. Manchmal drängt unsere Natur allerdings dazu, die am wenigsten tugendhafte Schwester am meisten zu lieben, wenn ihre natürliche Art sehr anziehend ist. Lasst uns daher auf der Hut sein, dass wir uns nicht von einer solchen Zuneigung mitreißen lassen."

(Camino VI,4)

„Es liegt eine Art Demut darin, dass man sich selbst gegenüber misstrauisch ist und nicht von sich glaubt, man sei stark, auch wenn man es sein mag. Es ist besser, sich jemand anzuvertrauen, der Erfahrung hat. Die Liebe wächst, wenn sie mitgeteilt wird. Von mir kann ich sagen, dass ich bei meinem Fallen und Neu-Aufstehen in der Hölle gelandet wäre, wenn Gott mir nicht die Augen für diese Wahrheit geöffnet hätte und wenn er mir nicht geholfen hätte, mich mit Personen besprechen zu können, die sich im inneren Beten auskennen."

(Vida 7,22)

„Ich empfinde eine große Einsamkeit,
wenn ich weit weg bin von denen,
die ich so gern habe."

(Brief 65,2; 4.6.1574)

„Ich wünschte mir, dass es in einem großen Kloster viele Freundschaften gäbe; aber in diesem Haus, wo nicht mehr als dreizehn Schwestern sind …, sollen alle Freundinnen sein, alle einander lieben, einander wohlwollend unterstützen, ohne besondere Freundschaften zu unterhalten. Wie heilig die Schwestern auch sein mögen, sie sollen sich um der Liebe des Herrn willen vor solchen Freundschaften hüten; denn sie sind, auch unter Geschwistern, oft ein Gift. Ich sehe darin keinen Nutzen. Sind die Freundinnen auch noch Verwandte, dann sind solche Freundschaften eine noch schlimmere Pest. Dies mag Euch vielleicht übertrieben scheinen; aber glaubt mir, meine Schwestern, dass in der Befolgung des Gesagten eine hohe Vollkommenheit und ein großer Friede liegt.“

(Camino IV,6f)

Gebet

Antonio Gaytán, ein Familienvater, der Teresa bei mehreren Klostergründungen unterstützt hatte, fragte sie um Rat nach dem inneren Gebet. Teresa antwortete ihm:

„Da bin ich parteiisch; denn von meiner Neigung her zieht es mich immer zur Einsamkeit. ... Besprechen Sie das mit dem Rektor der Jesuiten, dann werden Sie mehr Klarheit haben. Achten Sie auf das, wohin Ihr Geist Sie mehr hinzieht."

(Brief 75,2; Ende 1574)

„Anbetung
ist nichts anderes
als ein Akt der Liebe.
Es ist nicht richtig zu meinen,
man könne Gott nur anbeten,
wenn man genügend Zeit
und Einsamkeit hat."

„Glaubt nicht, es wäre besser um Euch bestellt, wenn Ihr mehr Zeit zum Beten hättet. Die Zeit, die Ihr für das Wohl Eurer Kinder verwendet, geht dem Beten nicht ab. Gott schenkt zuweilen mehr in einem Augenblick als in langen Stunden ..."

„Sich auf den Weg des Gebets zu machen wird nicht schaden, auch wenn wir ihn wieder verlassen. Das Gute schadet nie."

„Manche Menschen, besonders Frauen,
lieben Zeremonien,
die ich nicht leiden kann.
Diese lösen bei ihnen
andächtige Gefühle aus,
aber später stellt sich heraus,
dass sie abergläubisch waren."

(Vida 6,6)

„Man soll sich nicht immerfort
mit Nachdenken abmühen,
sondern den Verstand
auch mal ruhen lassen
und einfach vor dem Herrn verweilen."

(Vida 13,20)

„Wenn ich mit dem Herrn spreche,
weiß ich oft nicht, was ich sage.
Es ist die Liebe, die spricht.
Sie vergisst sich auch selbst
und sagt manchmal Torheiten."

Das innere Gebet

Vor allem Frauen wurde damals die Fähigkeit zum inneren Gebet abgesprochen. Sie sollten sich mit dem mündlichen Gebet begnügen. Doch Teresa hielt daran fest, dass alle Christen zum inneren Gebet berufen seien.

„Das innere Beten
ist meiner Ansicht nach nichts anderes
als ein Verweilen bei einem Freund,
mit dem wir oft und gern
allein zusammen sind,
einfach um bei ihm zu sein,
weil wir wissen,
dass er uns liebt."

(Vida 8,5)

Inneres Beten:
„Sich vorstellen, bei Jesus zu sein,
mit ihm sprechen,
in Zeiten der Not ihn um Hilfe bitten,
in schweren Stunden sich bei ihm beklagen,
in glücklichen Stunden ihn nicht vergessen,
sondern sich mit ihm freuen.
Und dabei Worte benutzen,
wie sie aus den eigenen Wünschen
und Bedürfnissen kommen."

(Vida 12,2)

„Das innere Beten unterscheidet sich vom mündlichen Gebet nicht dadurch, dass man den Mund schließt. Wenn ich mündlich bete und mir dabei bewusst bin, dass ich mit Gott spreche, richte ich meine Aufmerksamkeit mehr auf ihn als auf die Worte, die ich sage. Das ist zugleich mündliches und inneres Gebet."

(Camino 22,1)

„Ich bin den Weg des inneren Betens
nur stolpernd gegangen."

(Vida 10,9)

„Ich kam nur Schritt für Schritt voran, mit Hinfallen und Aufstehen.
Wer nicht aufhört zu gehen, kommt auch an. Wenn auch spät.“ (Vida 19,12)

„Ich bin überzeugt, wenn ich jemand gehabt hätte, mit dem ich über alles hätte reden können, was in mir vorging, dann hätte mir das geholfen, nicht immer wieder neu zu fallen. Darum möchte ich denen, die das innere Gebet pflegen, raten, besonders am Anfang freundschaftliche Beziehungen zu suchen mit Menschen, die das gleiche Anliegen haben. Das ist sehr wichtig, weil man im fürbittenden Gebet eine Stütze füreinander sein kann. Aber der Gewinn, den man davon hat, ist noch viel größer.“

(Vida 7,20)

„Die Liebe wächst, wenn sie sich anderen mitteilt. Es gibt tausend Vorteile, die der Umgang mit den Freunden Gottes mit sich bringt. Ich würde nicht so zu sprechen wagen, wüsste ich nicht aus langer Erfahrung, wie wichtig ein solcher Umgang ist.“

(Vida 17f)

Wer das innere Beten übt, „kommt in kurzer Zeit sehr schnell voran. Es ist bei ihm wie bei jemandem, der bei gutem Wind zu Schiff reist und in wenigen Tagen am Ziel der Reise ist, auf dem Landweg hätte er sehr viel länger gebraucht".

(Über das Vaterunser)

„Inneres Beten führt nicht dazu,
dass wir uns wohl fühlen,
sondern dass wir
in den Tugenden wachsen.
Was mich demütiger sein lässt,
halte ich für ein gutes Gebet.
Oft betet jemand, der leidet,
viel mehr als einer,
der meint, er müsse sich dabei
den Kopf zerbrechen."

(Brief 136,5; 23.10.1576)

„Obwohl ich nur die bin, die ich bin,
möchte ich am liebsten aufschreien
und mit denen disputieren,
die behaupten,
das innere Beten sei nicht erforderlich."

(Camino 37,2)

Gehorsam

„Es ist kein kleines Kreuz,
wenn man seinen Verstand
jemandem unterordnen muss,
dem es daran fehlt.
Mir ist das nie gelungen,
und ich glaube auch nicht,
dass es notwendig ist."

„Herr, solltest auch du
das für richtig halten, was ich möchte,
dann wende das Herz meines Oberen,
damit er mir so befiehlt,
dass ich ihm gehorchen kann."

Gesundheit

An María Bautista, „eine der klügsten und begabtesten Schwestern, die es unter uns gab":
„Es zeugt von großer Dummheit, wenn Sie sich nicht erholen, sondern nach Vollkommenheit Ausschau halten. Sie sehen doch, wie sehr wir um Ihre Gesundheit besorgt

sind. … Essen Sie aus Liebe zu mir die Nüsse, die Sie dort haben.“

(Brief 70,2; 16.7.1574)

„Wenn Gott einen guten Schlaf schenkt,
ist das keine kleine,
sondern eine große Gnade.“

(Brief 182,10; 10.2.1577)

„Ich pflege mich, so gut es geht,
und sogar ein bisschen mehr,
als es hier üblich ist.
Sonst könnte ich nicht
das innere Beten halten.“

(Brief 185,3; 27./28.2.1577)

Glück

„Alles Glück der Welt
geht mit Nöten einher,
damit wir nicht in ihm untergehen.“

(Brief 87,1; 12.8.1575)

Gnade

„Die erste Gnade besteht darin,
Gnade zu empfangen,
die zweite: diese Gnade zu verstehen,
und die dritte: diese Gnade ausdrücken
und anderen verständlich machen
zu können."

(Vida 17,5)

Gott

„Wo Gott ist, da ist der Himmel."

(Über das Vaterunser)

„Wenn ich stürzte,
hatte ich viele Freunde;
beim Wiederaufstehen
war ich ganz allein.
Dass ich nicht am Boden
liegen geblieben bin,
verdanke ich dem Erbarmen Gottes.
Er war der Einzige,
der mir seine Hand entgegenstreckte."

(Vida 7,22)

„Alles diente mir dazu,
Gott besser kennenzulernen,
ihn zu lieben und zu sehen,
was ich ihm schuldete …"

„In Gott entdeckt man
immer neue Meere,
je weiter man segelt."

„Gott ist die höchste Wahrheit
und in der Wahrheit die Demut."

(Innere Burg VI,10,7)

„Der heilige Augustinus berichtet, dass er Gott lange suchte, bis er ihn schließlich in seinem Inneren fand. Stellt Euch einmal vor, was das bedeutet, wenn jemand erkennt, dass er nicht zum Himmel aufsteigen muss, um mit dem Vater zu reden, und dass kein lautes Rufen notwendig ist, um seine Liebe zu erfahren. Wie leise er auch spricht, er ist Gott so nahe, dass er ihn hört. Er braucht keine Flügel, um zu ihm zu gelangen, er muss nur in die Einsamkeit gehen, in sein Inneres schauen und sich nicht wundern über einen so hohen Gast."

„Wenn wir wie der verlorene Sohn
zum Vater umkehren,
so wird er uns verzeihen,
uns in unserem Kummer trösten
und für uns sorgen,
wie es nur ein Vater tun kann,
der besser ist als alle Väter der Welt;
denn er ist vollkommen."

(Über das Vaterunser)

„Wir stehen fassungslos vor deiner Herrlichkeit. Aber noch fassungsloser vor deiner Demut und deiner Liebe, mit der du jemandem begegnest wie mir."

„Wenn ich Gott etwas schenken kann,
dann ist mein Leben wenig.
Dann möchte ich viele Leben haben."

(Brief 98,12; 30.12.1575)

Der dreifaltige Gott

„Ich habe die übernatürliche Gewissheit, dass die drei göttlichen Personen da sind. Wie es geschieht, weiß ich nicht, aber das weiß ich, dass es kein Blendwerk ist."

„Was sich mir darstellte,
sind drei Personen;
jede von ihnen
kann man einzeln betrachten
und mit jeder kann man sprechen …
Diese drei Personen lieben sich,
teilen sich mit und kennen sich …
In allen drei Personen
gibt es nur einen Willen,
eine Macht und eine Herrschaft,
sodass keine etwas
ohne die anderen tun kann."

(Relaciones 33,2f)

Die Großen der Welt

„Gott will nicht, dass wir Ehre suchen
bei den Großen dieser Welt,
sondern bei den Armen,
wie es die Apostel waren. …
Gott behüte mich vor diesen Großen,
die Macht ausüben
und so unberechenbar sind!"

(Brief 385,3f; 17.9.1581)

Heiligkeit

„Ich bin die Unvollkommenheit in Person." (Vida 30,17)

„Man warf mir vor, ich wolle als Heilige dastehen. Doch ich war nicht einmal in der Lage, meine eigene Ordensregel ganz zu befolgen. In meinem Haus gab es bessere und heiligmäßigere Schwestern."

(Vida 19,8)

„Schwester Isabel de los Ángeles ist so gestorben, dass man sie für eine Heilige hält. Sie ist jetzt ganz gewiss bei Gott. Und ich stehe immer noch nutzlos hier herum."

(Brief 68,2; Juni 1574)

„Ich leide sehr darunter, wenn angesehene Leute mich vor anderen loben. Denn wenn ich das Leben Christi und der Heiligen anschaue, komme ich mir vor wie auf dem falschen Weg; sie wurden ja geringgeachtet und gedemütigt. Manchmal habe ich Angst davor, mich zu zeigen. Wenn ich aber angegriffen werde, bin ich sehr souverän. Ich wollte sogar von Avila weg in ein abgeschiedeneres Kloster gehen. Irgendwo hin, wo man mich nicht kannte. Doch mein Beichtvater verbot es mir."

(Vida 31,12f)

„Hier *[in Sevilla]* freut es mich immer mehr, dass mich niemand mit dem Nimbus der Heiligkeit umgibt. So kann ich beten und wirken, ohne Angst haben zu müssen, dass dieses Luftschloss eines Tages über mir zusammenstürzt."

(Brief 88,12; 28.8.1575)

Teresa spielt hier auf Kastilien an, wo sie von einigen als Heilige verehrt wurde.

„Wir bringen es einfach nicht fertig,
in diesem Leben schon heilig zu sein."

(Brief 138,3; 31.10.1576)

„Solange jemand allein lebt,
kann er sich leicht für heilig halten.
Erst in der Gemeinschaft
wird er spüren,
ob er wirklich demütig
und geduldig ist."

Himmel

„Ich glaube, im Himmel versteht man sich, ohne miteinander zu sprechen. So wie es hier auf Erden ist, dass Menschen, die einander gern haben, sich verstehen, indem sie sich nur anschauen.“

(Vida 27,10)

Hölle

„Sehen wir jemand in großer Bedrängnis oder in großem Leid, so werden wir wie von selbst von Mitleid gepackt. Je heftiger die Schmerzen des anderen sind, umso mehr empfinden wir sie. Zu denken, dass jemand in alle Ewigkeit zur Folter aller Foltern verurteilt wird: Wer könnte einen solchen Gedanken ertragen?“

(Vida 32)

Die innere Stimme

„Wenn Gott zu uns spricht, benutzt er deutlich artikulierte Worte. Wir hören sie nicht mit unseren Ohren, aber sie sind so verständlich, als wenn man sie hörte. Man kann sie auch nicht überhören, so sehr man sich auch dagegen sträubt. Wenn wir die Worte eines Menschen nicht hören wollen, können wir uns die Ohren zuhalten oder uns mit etwas anderem beschäftigen, damit man nicht mitbekommt, was der andere sagt. Doch wenn Gott zu uns spricht, können wir uns nicht taub stellen. Mein Widerstand hielt fast zwei Jahre an *[um 1588 bis 1560]*, und auch heute versuche ich es manchmal, aber es nützt nicht viel."

(Vida 25,1)

Jesus

„Jesus ist uns immer ein treuer Freund,
wenn wir seine Freundschaft nur wollen."

(Brief 143,5; 14.7.1574)

„Christus ist ein sehr guter Freund.
Wir sehen ihn als Menschen,
in seiner Schwachheit
und seinem Leiden.
So haben wir ihn zum Gefährten."

(Vida 22,10)

„Obwohl Jesus Gott ist,
war er ein Mensch,
der über die Schwächen der Menschen
nicht entsetzt war,
sondern Verständnis für sie hatte."

(Vida 37,5)

„Wenn ein so guter Freund
uns zur Seite steht,
der so viel gelitten hat,
kann man alles ertragen.
Er hilft uns, gibt uns Kraft,
verlässt uns nicht in unseren Nöten.
Er ist wirklich ein treuer Freund.

Glücklich der Mensch,
der ihn liebt
und ihn in seiner Nähe weiß!" (Vida 22,6.7)

„Wer deine Nähe nicht erträgt,
den trägst du.
Was für ein treuer Freund bist du,
mein Herr!" (Vida 8,6)

„Immer, wenn wir an Jesus denken,
sollen wir an seine Liebe denken.
Und Liebe bringt Liebe hervor."
(Vida 22,14)

Manche meinen, „wenn man die Anfangsstadien *[des geistlichen Lebens]* hinter sich hat, könne man über die Menschheit Jesu hinwegsehen und ausschließlich seine Gottheit betrachten. Man wird mich niemals dahin bringen zu behaupten, dieser Weg sei gut". (Innere Burg VI, 7,5)

„Christus ist auch in der Küche,
mitten unter den Kochtöpfen."
(Fundaciones 5,8)

Komplimente

„Ich habe oft erlebt, dass ich hochgelobt wurde, um mich später herunterzumachen. Früher war ich über solche Lobreden niedergeschlagen, jetzt lache ich darüber, wie wenn ein Narr reden würde."

(Zum Hohenlied 2,13)

Kranke

An María Bautista, eine Verwandte Teresas, Priorin von Valladolid:
„Ihre Krankheit beschäftigt mich sehr, weil sie im Kopf sitzt. … Setzen Sie alles daran, um ganz gesund zu werden. Aus Liebe zu Gott. Essen Sie gut und seien Sie nicht allzu viel allein. Grübeln Sie nicht zu viel, sondern lenken Sie sich ab, so gut es geht. Wie gerne wäre ich bei Ihnen, denn wir hätten einander viel zu erzählen."

(Brief 143,1; 2.11.1576)

„Der Herr sagte mir,
man solle sich besonders
um die Kranken kümmern;
denn eine Oberin,
die sich nicht um die Kranken sorgt
und sie nicht verwöhnt,
verhält sich wie die Freunde des Ijob."

(Relaciones 7,2)

„Um Kranke pflegen zu können,
habe ich weder die Gesundheit
noch genügend Nächstenliebe."

(Brief 124,11; 20.9.1576)

Im September 1576 überlegte Teresa, ob sie zu einer erkrankten Priorin reisen sollte. Doch sie hielt den Zeitpunkt für ungünstig und machte einen Vorschlag: Eine andere Schwester solle die Verantwortung für das Haus übernehmen, sie selbst würde sich um die Bauarbeiten am Kloster kümmern; dann hätten die dortigen Schwestern mehr Zeit für die Kranke. Einen Monat später schrieb Teresa an María de San José:

„Unsere gute Priorin aus Malagón hat mir geschrieben, es gehe ihr besser. Das tat sie, um mich nicht zu belasten. Denn es geht ihr nicht besser, sondern ganz schlecht."

(Brief 137,3; Oktober 1576)

„Die Kranken sollen – unserer Armut entsprechend – mit aller Liebe, Verwöhnung und Hingabe gepflegt werden. ... Die Kranken sollen von den Schwestern besucht und getröstet werden. Als Krankenpflegerin soll eingesetzt werden, wer für dieses Amt Geschick und Liebe hat."

(Konstitutionen 23)

„Isabel de San Pablo *[eine Verwandte Teresas und Mitschwester im Kloster San José in Avila]* hat mich in meiner Krankheit neu belebt. Ihr Temperament und ihr Humor haben mich froh gemacht. Das half mir, zum Chorgebet zu gehen."

(Brief 63,8; 14.5.1574)

Kreuz

„Wenn jemand sein Kreuz
hinter sich herschleppt,
tut es weh und drückt nieder.
Wenn er es aber umarmt,
ist es leicht zu tragen."

(Zum Hohenlied 2,26)

Leiden

„Zum Leiden tauge ich wenig."

(Brief 102,12; Januar/Februar 1576)

Liebe

„Gott schaut nicht darauf,
ob wir Großes tun,
sondern auf die Liebe,
mit der wir etwas tun."

(Innere Burg VII,4,15)

„Will man im geistlichen Leben
vorankommen,
geht es nicht darum,
viel nachzudenken,
sondern darum,
viel zu lieben."

(Innere Burg IV,1,9)

Liebe zum Nächsten

„Gott will Taten. Mach dir also keine Gedanken, wenn du eine Stunde des Gebets versäumst, um einer Kranken Trost zu bringen oder ihr Erleichterung zu verschaffen. … Darin besteht die echte Vereinigung mit dem göttlichen Willen."

(Innere Burg V,3,11)

„Man erweist Jesus den größten Dienst,
wenn man sich nicht ihm,
sondern den Menschen zuwendet.
Dann ist man am tiefsten
mit ihm verbunden.“ (Exclamaciones 2,2)

„Ob wir Gott lieben,
können wir nicht wissen;
aber ob wir den Nächsten lieben,
das merkt man.“

„Den Nächsten lieben heißt,
leidenschaftlich zu wollen,
dass er Gott liebt.
Denn nur so kann er
auf die Dauer glücklich sein.“

„Es entspricht unserer Natur,
dass wir uns danach sehnen,
dass unsere Liebe erwidert wird.
Das muss etwas Gutes sein,
denn Jesus selbst
hat sich danach gesehnt.“ (Brief; 8.11.1581)

Menschenführung

Über ihre Kusine, die sie nicht ins Kloster aufnahm:
„Sie ist von ihrer Art her so eigen, nicht geeignet für eine Gemeinschaft. ... Sie hat etwas Einsiedlerisches an sich und dabei ein gutes Herz.“ (Brief 24,9; 17.1.1570)

An Don Teutonio, einen Theologen, der sie sehr unterstützt hat:
„Die Melancholie drängt uns dazu,
uns unter Druck zu setzen.
Wenn Sie sich wieder einmal
so bedrängt fühlen,
machen Sie einen Spaziergang
und schauen zum Himmel auf. ...
Auch das ist eine Weise,
um Gott zu suchen.
Man muss die Seele mit Sanftheit leiten.“

(Brief 69,4; 3.7.1574)

Der Priorin von Caravaca, über die sie in einem ihrer Werke (Fundaciones 27,8) *schrieb:* „Ich traute ihr zu, dass sie ihre Aufgabe als Priorin sehr gut machen würde; denn sie ist viel besser als ich", *gab Teresa diesen Rat:* „Passen Sie auf, dass Sie nicht alle Schwestern über einen Kamm scheren. Die Schwester Francisca müssen Sie wie eine Kranke behandeln. Machen Sie sich keine Sorgen, ob Sie ihren Weg in großer Vollkommenheit geht. Es reicht, wenn sie gut und gern tut, was sie kann, und Gott nicht beleidigt. ... Wenn sie eine gute Seele ist, dann wohnt Gott in ihr. ... Machen Sie sich auch keine Sorgen, wenn Schwestern das eine oder andere Leiden haben, denn es gibt keine Frau, die keins hätte."

(Brief 200,2f.8; 2.7.1577)

An die Priorin in Sevilla, María de San José: „Wundern Sie sich nicht, wenn die Schwestern, die ins Kloster eintreten, nicht sofort so sind wie wir. Es hat keinen Sinn, ihnen zu verbieten, miteinander zu sprechen oder etwas anderes zu tun, was keine Sünde ist. Sonst werden Sie die Schwestern, die das nicht gewohnt sind, eher zur Sünde verleiten, statt sie davon abzuhalten. Lassen Sie ihnen Zeit. Lassen Sie Gott wirken, sonst werden sie entmutigt."

(Brief 178,2; 17.1.1577)

Mut

„Gott ist ein Freund
von mutigen Menschen,
wenn sie ihren Weg in Demut gehen
und nicht auf sich selber bauen."

(Vida 13,2)

Üble Nachreden

„Manchmal glaube ich, von allem losgelöst zu sein. Aber wie die Probe aufs Exempel zeigt, stimmt das nicht.
Manchmal bilde ich mir auch ein, über böse Nachreden erhaben zu sein. Das gelang mir auch manchmal. Dann aber genügte ein einziges böses Wort, und ich war so unglücklich, dass ich aus der Welt scheiden wollte."

(Über das Vaterunser)

„Ich möchte über keinen Menschen
schlecht reden,
wie auch ich nicht wünsche,
dass jemand über mich so redet.“

(Vida 6,3)

Natur

„Um mich zu sammeln, half es mir,
Felder, Wasser oder Blumen anzuschauen.
Darin fand ich – wie in einem Buch –
eine Spur des Schöpfers.“ (Vida 9,5)

Priester und Theologen

„Ich war immer bemüht,
jemand zu finden,
der mir Licht gibt.“ (Vida 10,8)

„Ein einfältiger Priester wird einer verheirateten Frau raten, beim inneren Beten zu verweilen, wo sie sich doch um ihren Haushalt kümmern soll. Er versteht die Situation nicht richtig. Da es ihm an Licht fehlt, kann er auch andere nicht erleuchten. Es ist meine feste Überzeugung, dass jeder Christ sich darum bemühen soll, einen gebildeten Gesprächspartner zu finden. Je gebildeter, desto besser. Je geistlicher jemand ist, desto mehr braucht er jemand, mit dem er sich auf dem Weg des inneren Betens besprechen kann."

(Vida 13,17)

„Es ist ein Jammer, was man durch Beichtväter alles erleiden muss!"

(Vida 20,21)

„Als die Jesuiten nach Avila kamen *[1544]*, waren sie mir sehr sympathisch, denn ich kannte ihre Art zu leben und zu beten. Aber ich hatte Angst, mit ihnen zu sprechen. Denn wie sollte das gehen: Umgang haben mit ihnen und die sein, die ich war? … Der Herr hat mir die Gnade geschenkt, meinen Beichtvätern, die fast alle Jesuiten waren, zu gehorchen. Wenn auch unvollkommen."

(Vida 23,3.18)

„Ohne dass dieser Beichtvater *[Diego de Cetina SJ]* mich dazu drängte, habe ich mich sehr verändert. Er führte mich, indem er mich frei ließ. Aber ich fasste selbst Entschlüsse – aus Liebe.“

(Vida 24,1)

Rückschläge

„Gegen Rückschläge gibt es nur ein Mittel: immer wieder neu anfangen.“

Wahrer Reichtum

„Wer nichts mehr wünscht,
besitzt alles.“

(Fundaciones)

Heilige Schrift

„Die Worte des Evangeliums
habe ich immer sehr geliebt;
sie haben mir mehr geholfen,
mich zu sammeln
als die besten Bücher.“ (Camino 21)

„Auch wenn die ganze Welt
mir versichern würde,
dass das, was ich sehe
und aus Erfahrung weiß,
von Gott stammt,
so würde ich es nur dann glauben,
wenn es mit der Heiligen Schrift
übereinstimmt.“ (Vida 25,13)

Sauberkeit

„Sorgen Sie um der Liebe willen dafür, dass Betten und Servietten sauber gehalten werden, auch wenn es mehr kosten sollte. Es wäre schrecklich, wenn es daran fehlte.“
(Brief 354,4; 23.2.1581)

Seele

„Die Seele
kann sich einfach nie
zufriedengeben.“ (Vida 30,19)

Sehnsucht

„Was kleiner ist als unsere Seele,
erfüllt nicht ihre Sehnsucht.“
(Brief 76,1; 3.12.1574)

Selbsteinschätzung

„Es ist wohl so,
dass wir uns selbst
nie kennen."

(Brief 142,4; Anfang November 1576)

„Es bedrückt mich sehr, wenn man eine gute Meinung von mir hat. Denn ich weiß, was in mir alles verborgen ist." (Vida 7,1)

„Es widerstrebte mir sehr,
die Gnaden zu beschreiben,
die der Herr mir erwiesen hat.
Es wäre mir leichter gefallen,
die Beleidigungen darzustellen,
die ich ihm zugefügt habe."

(Brief 5; Juni 1562/65)

An Pater Jerónimo Gracián:
„Wenn Sie sehen könnten, wie aufgelöst und voller Skrupel ich heute bin! Ich sage Ihnen, ich fühle mich richtig armselig. Das Schlimmste dabei ist, dass ich mich niemals bessere." (Brief 96,1; Ende November 1575)

„Ich kenne viele,
die den Kopf voll haben von sich selbst.
Vielleicht ist mein Kopf
noch voller als bei den anderen."

(Vida 16,6)

„Ich bin nur eine Frau,
nicht einmal eine gute,
sondern erbärmlich." (Vida 18,4; vgl. 10,8)

„Ich habe nicht das Talent,
über himmlische und göttliche Dinge
nachdenken zu können." (Vida 12,4)

„Der Erzbischof [*von Sevilla*] kam hierher und tat alles, was ich wollte …"

(Brief 85,2; 10.7.1575)

Strenge

„Ich lege großen Wert auf die Tugenden,
nicht aber auf Rigorismus.
Das liegt wohl daran,
dass ich selbst nicht sehr bußfertig bin."

(Brief 161,8; 12.12.1576)

Teufel

„Ich habe mehr Angst vor denen,
die so viel Angst vor dem Teufel haben, als
vor dem Teufel selbst.
Der kann mir nichts anhaben,
aber diese können große Unruhe stiften."

(Vida 25,22)

Übernatürlich

„Übernatürlich nenne ich das,
was nicht durch eigene Anstrengung
und Mühe erworben werden kann.
Sich darauf vorbereiten
kann man aber wohl.“ (Relaciones 5,3)

Väter

„Den Söhnen ist es eigen,
sich zu irren,
den Vätern aber,
die Fehler zu vergeben.“
(Brief 102,8; Januar/Februar 1576)

Vertrauen

„Ich befürchte, dass wir,
wenn wir auf menschliche Hilfe bauen,
die göttliche Hilfe verlieren.“
(Brief 116,1; im August 1576)

Verzeihen

„Jesus sagt nicht:
‚Vergib uns unsere Schuld,
wenn wir große Buße tun' oder:
‚wenn wir bereit sind,
für dich zu sterben'.
Er sagt nur: ‚Vergib uns,
wenn wir anderen vergeben.'"

„Wenn ich daran denke, in welche Schwierigkeiten Sie mich gebracht haben und wie sorglos Sie damit umgehen, dann fällt mir das Wort ein: ‚Verflucht ist der Mensch …' *[der auf Menschen vertraut; Jes 17,5]*. Doch da man Böses mit Gutem vergelten soll, schreibe ich Ihnen … Gott behüte Sie trotz Ihrer Fehler!"

(Brief 106,2.7; 9.5.1576)

An den Karmelitenpater Ambrosio Mariano, der ohne Rücksprache mit Teresa Entscheidungen traf. Über ihn sagt sie, dass er halt „sehr ungestüm" war. Auch der folgende Satz ist an ihn gerichtet:

„Ich weiß nicht, wie wir beide in Frieden leben sollen, wenn Sie mir so viele Anlässe zum Streit geben … Seien Sie doch nicht so unbarmherzig!“

(Brief 131,1; Anfang Oktober 1576)

Vorgesetzte

„Das ist es, was ich für meine Schwestern befürchte, dass strenge Vorgesetzte kommen könnten, die sie bedrücken und ihnen viel aufladen. … Schon das Lesen der Bestimmungen, die Pater Juan de Jesús erlassen hat, ermüdet mich. Wie erginge es mir, wenn ich das einhalten müsste? Glauben Sie mir, unsere Regel verträgt keine bedrückenden Vorgesetzten, sie ist streng genug.“

(Brief 150,1f; 19.11.1576)

Wahrheit

„Glücklich der Mensch, den der Herr Wahrheiten erkennen lässt!“

(Vida 21,1)

„Wenn ich auch nur eine einzige dieser Wahrheiten verständlich machen könnte, würde ich dafür mein ganzes Leben aufs Spiel setzen. Ich weiß aber nicht, ob ich das dann auch täte, denn auf mich ist kein Verlass." (Vida 21,2)

Wie Gott will

„Als ich darüber nachdachte, ob diejenigen, die es für besser hielten, dass ich nicht auf Gründungsreisen gehe, sondern mich immer dem Beten widme, vielleicht doch recht hätten, verstand ich folgende Worte des Herrn: ‚Solange man lebt, besteht der Gewinn nicht in dem Bemühen, sich meiner zu erfreuen, sondern in der Erfüllung meines Willens.'" (Relaciones 16)

„Wenn die Erde uns Himmel geworden ist, werde auch ich, Herr, deinen Willen tun können. Sonst wüsste ich nicht, wie dies möglich sein sollte, zumal bei einem so schlechten und unfruchtbaren Erdreich wie dem meinen." (Über das Vaterunser)

„Der Herr weiß besser, was er tut,
als wir wissen, was wir wollen."

(Brief 187,3; 28.2.1577)

„Wenn wir uns von allem lösen,
uns ganz dem Schöpfer schenken
und unseren Willen in den seinen fügen,
dann wird der Weg kurz,
auf dem wir zum Quell
lebendigen Wassers gelangen."

(Über das Vaterunser)

Zurechtweisen

An die Priorin von Valladolid, María Bautista, ihre Nichte, die Teresa – wie erwähnt – einmal „eine der klügsten und begabtesten Schwestern, die es unter uns gab" (Fundaciones 1,3), *nannte:*

„Sie meinen, alles zu wissen, und nennen sich dann auch noch demütig; dabei haben Sie nur Ihr Häuschen *[das Kloster in Valladolid]* im Blick, nicht aber das, was für alle wichtig ist. ... Sie sind so starrsinnig, wie es noch keine Priorin mir gegenüber gewesen ist. … Bei dem Geist, den Sie haben, verstehe ich nicht, dass Sie so eingebildet sind."

(Brief 88,7f; 28.8.1575)

„Wenn Sie mir doch ab und zu glauben würden, dann gerieten wir nicht so oft aneinander."

(Brief 143,1; 2.11.1576)

An den Unbeschuhten Karmelitenpater Ambrosio Mariano in Madrid, den Teresa als „genial und äußerst begabt" *bezeichnete* (Fundaciones 17,7), *schrieb sie einmal:*

„Gott hat uns die Gnade erwiesen, dass Sie bis jetzt Ihre Wut im Zaum halten konnten. Tun Sie das auch weiterhin. Das ist Ihr Kreuz, und zwar kein kleines."

(Brief 187,2; 28.2.1577)

* * *

Über ihre Autobiografie schrieb Teresa
im November 1568 (Brief 14,2)*:*

„Dieses Buch hat mich
richtig wütend gemacht."

Hoffentlich ergeht es ihr
mit diesen Seiten nicht ähnlich …